AF463930

LETTRE

A LA

CONVENTION NATIONALE

DE FRANCE.

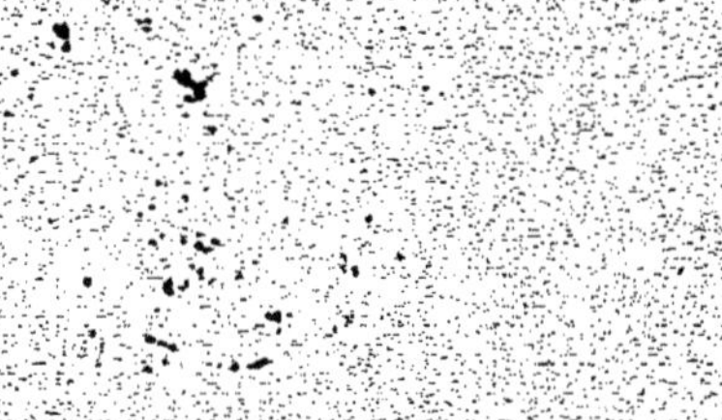

LETTRE

A LA

CONVENTION NATIONALE

DE FRANCE,

Sur les vices de la Constitution de 1791; et sur l'étendue des amendemens à y porter, pour lesquels cette Convention a été convoquée.

Par JOEL BARLOW, Ecuyer, Auteur de l'*Avis aux ordres privilégiés*, de *la Vision de Colombe*, et de *la Conspiration des Rois*.

TRADUITE DE L'ANGLAIS.

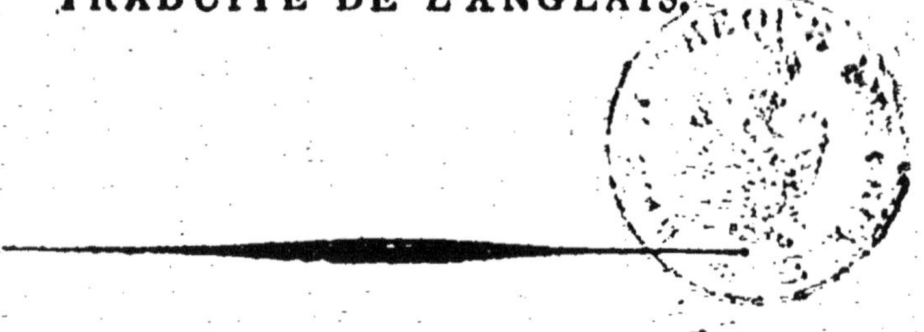

A PARIS,

Chez NÉE DE LA ROCHELLE, rue du Hurepoix, n°. 13.

ET

Chez tous les Libraires marchands de nouveautés.

1792.

LETTRE
A LA CONVENTION NATIONALE
DE FRANCE,

Sur les défauts de la Constitution de 1791, et sur l'étendue des amendemens à y porter, etc.

MESSIEURS, le temps est arrivé enfin où le Peuple Français, en ayant recours à sa propre dignité, se sent libre de faire usage de sa raison non-entravée, et d'établir un gouvernement sur les bases de l'égalité. La crise présente de vos affaires, marquée par la convocation d'une convention nationale, a à peu près les mêmes rapports avec les quatre dernières années de votre histoire, qu'a toute votre révolution à la grande masse accumulée d'amélioration moderne. Si donc nous la comparons avec tout ce qui s'est passé, elle forme la partie la plus intéressante du plus important période que l'Europe ait peut-être vu jusqu'à ce jour.

Pénétré de cette vérité, et du sentiment le plus profond de la grandeur du sujet qui engage votre attention, je prends une liberté qu'un foible motif ne sauroit justifier dans un étranger, je veux dire, la liberté de vous offrir quelques observations sur la besogne que vous avez devant vous. Si cependant je pouvois croire que cette démarche hasardée de ma part eût besoin d'une apologie, je ne me reposerois pas sur celle dont je viens de faire mention. Mais mes intentions n'exigent point d'apologie; je demande à être entendu, de droit. Votre cause est la cause de l'humanité entière; vous êtes les Représentans de l'espèce humaine; et, quoiqu'à la lettre je ne sois pas du nombre de vos Constituans, vos décrets n'en doivent pas moins me lier. Vos délibérations doivent agir sérieusement sur mon bonheur, et j'ai en elles un intérêt que rien ne sauroit détruire. Je considère le genre humain, non-seulement comme ne formant qu'une seule grande famille, et qui, par conséquent, est forcée par une sympathie naturelle de regarder le bonheur de chacun de ces individus comme faisant partie du sien ; mais je regarde dans ce moment la nation française comme représentant toute cette famille. Vous vous êtes avancés d'un pas gigantesque vers une entreprise qui embrasse les intérêts de toutes les nations qui vous environnent ; et vous êtes obligés de finir par devoir pour toute l'espèce humaine, ce que vous commençates par justice pour vous-mêmes.

Je ne crois pas que personne ait jamais eu une plus grande vénération que moi pour l'Assemblée nationale qui forma cette Constitution, dont je présume maintenant que vos Constituans vous demandent une révision. Le mérite de ce corps ne sera peut-être jamais apprécié comme il faut. La plus grande partie de leurs travaux fut nécessairement employée à des objets qu'on ne sauroit décrire, et qui, par leur nature même, ne sauroient figurer dans l'histoire. Le poids énorme d'abus qu'elle avoit à renverser, la quantité de préjugés auxquels ses fonctions l'engageoient à faire la guerre autant dans son propre esprit que dans celui de toute l'Europe, l'opposition ouverte d'intérêts, les armes secrètes de la corruption, et la furie effrénée de factions désespérées : voilà autant de sujets qui échappent à l'observation commune, lorsque l'on contemple les travaux de cette assemblée. Mais le legs qu'elle a laissé à sa patrie en sa qualité délibérative, sera toujours un monument durable élevé à sa gloire ; et, quoique, lorsque nous choisissons les parties défectueuses de son ouvrage, sans perdre de vue les difficultés sous lesquelles il fut fait ; quoique, dis-je, dans ce cas nous puissions plus fréquemment avoir sujet d'admirer sa sagesse que de murmurer de ses fautes, cependant cette considération ne devroit pas nous détourner de l'entreprise.

La grande base sur laquelle ils avoient le dessein de bâtir leur Constitution, est *l'égalité des droits*. Cette base étant posée avec tant de clarté, et défendue avec tant de dignité au commencement du code, il est étonnant que des hommes d'un jugement éclairé ne fussent pas charmés de la beauté du système que la nature devoit leur indiquer de bâtir sur cette fondation. Il prouve une disposition de contrarier l'analogie de la nature ; lorsque dans un moment nous les voyons imprimer sur nos esprits ce principe ineffaçable, et déclarer un moment après, que la France restera une monarchie ; — qu'elle aura un roi héréditaire, inviolable, investi de tout le pouvoir exécutif, et d'une grande partie du pouvoir législatif, qu'il sera commandant en chef de toutes les forces nationales par terre et par mer, ayant l'initiative de la guerre, et le pouvoir de faire la paix ;— et sur-tout lorsque nous les entendons déclarer que « La nation aura soin de la « splendeur du trône, » et accorder, en leur qualité de législateurs, à ce trône plus d'un million sterling par an, pris dans la bourse de la nation, plus les revenus de possessions qu'on dit se monter à une moitié en sus.

Nous ne saurions que nous étonner de l'organisation paradoxale de ces esprits qui ne voyoient point de discordance dans ces idées. Ils commencent par la franche simplicité d'une république raisonnable, et immédiatement après se plongent dans tous les labyrinthes de la royauté ; et une grande partie du code constitutionnel est un essai pratique pour réconcilier ces deux discordantes théories. C'est une lutte perpétuelle entre le principe et le précédent,— entre les vérités mâles de la nature, que nous devons tous sentir, et les doctes subtilités d'hommes d'état, sur lesquelles on nous a appris à raisonner.

En passant en revue l'histoire des opinions des hommes, nous remarquons avec peine la constante lenteur de l'esprit à saisir les vérités les plus intéressantes, qui cependant une fois découvertes, nous paroissent avoir été de la plus grande évidence. Cette remarque ne se trouve nulle part constatée avec plus de circonstances, de regret, que dans la progression de vos idées en France, concernant l'inutilité de la fonction royale. Il ne suffisoit pas de vous établir sur les hauteurs des droits de la nature, où, éclairés par le soleil de la raison, vous pouviez voir les nuages du préjugé rouler bien au-dessous de vos pieds; il ne vous suffisoit pas de commencer par la considération que la royauté, avec ses fléaux si bien connus, est la cause de tous vos maux, — que les rois de l'Europe moderne sont les auteurs des guerres et de la misère, que leur correspondance mutuelle est un commerce de carnage, — que les dettes publiques, les oppressions privées et tous les vices qui dégradent et avilissent l'aspect de la nature, devoient leur origine à cette espèce de gouvernement qui offre une récompense à la méchanceté, et qui apprend au petit nombre à fouler aux pieds le grand ; — il ne suffisoit pas que vous vissiez les moyens d'une régénération de l'espèce humaine dans le systême de l'égalité des droits, et que, dans une nation opulente et puissante, vous possédassiez les avantages requis pour mettre en pratique immédiate ce systême, comme un exemple pour le monde, et comme une consolation pour l'humanité : tous ces argumens et une foule d'autres que vos orateurs republicains ont démontrés dans leur plus grand jour, étoient insuffisans pour porter l'esprit public à une hauteur convenable, d'où il eût pu voir l'étendue du sujet.

Il paroît que quelques-uns de vos propres philosophes ont ci-devant enseigné que la royauté est nécessaire à une grande nation. Montesquieu, entre autres maximes bisarres sur les lois et le gouvernement, apprit au monde qu'une monarchie limitée étoit le meilleur systême, et que la démocratie ne pouvoit jamais avoir de succès que dans un pays de peu d'étendue. Il est impossible de déterminer combien de vos législateurs ont cru dans cette doctrine; combien en ont agi par des motifs temporisans, desirant de bannir peu à peu la royauté, et combien d'autres parmi eux ont été conduits par des principes moins pardonnables encore. Il est certain que dans votre assemblée constituante, les idées républicaines n'ont nullement gagné de terrain sur les idées monarchiques, pendant les derniers six mois de leurs délibérations. Il est tout aussi certain, que la majorité de cette assemblée se donnoit beaucoup de peines pour empêcher que le peuple ne découvrît l'imposture de la royauté, et qu'il continuât son ancienne vénération, du moins pendant un certain temps, pour certaines bases de gouvernement que la raison ne sauroit approuver.

Il est remarquable que toute la perfidie de votre roi, à l'époque de sa fuite, ait produit si peu d'effet sur les yeux d'un peuple aussi éclairé que le peuple français. Sa fuite et l'insultante déclaration qu'il laissa après lui, suffisoient non-seulement pour démentir la fiction qui en tout temps a fait rougir le sens commun, et que votre assemblée avoit tenté de sanctionner, celle *que les rois ne sauroient mal faire ;* mais elles suffisoient pour démontrer, du moins à tous ceux qui vouloient bien ouvrir les yeux, que les affaires de l'état ne demandoient pas un tel fonctionnaire. Il n'y a point de période dans votre révolution, je doute même qu'on en trouve une dans l'histoire de France, dans laquelle les affaires se soient faites avec plus d'expédition et d'ordre, que pendant la suspension des fonctions royales dans l'intervalle où le roi fut ramené dans la Capitale au mois de juin, jusqu'à la consommation de la Constitution au mois de septembre. Tout alloit bien dans le royaume, excepté dans l'enceinte de l'assemblée. Une majorité de ce corps étoit décidée de faire l'expérience d'une monarchie limitée. L'expérience a éte faite. Sa durée, en vérité, a été courte; elle a été de moins de onze mois. Mais quoiqu'à bien des égards elle ait été aussi fatale à la cause de la liberté, qu'aucun systême puisse l'être dans un semblable temps, elle a néanmoins, à d'autres égards, fait plus de bien que tous les raisonnemens de tous les philosophes contemporains eussent pu faire dans un temps bien plus long; elle leur a appris une doctrine nouvelle, que nulle expérience ne sauroit ébranler, et que la raison doit confirmer, celle *que les rois ne sauroient bien faire;* de manière que, si la question devoit s'agiter par le peuple français, (comme elle pourra l'être par vous en sa faveur), s'il veut un roi ou non, alors je suppose que son calcul seroit le suivant : l'on doit s'attendre à une certaine quantité de maux de la part de la fonction royale; et ces maux sont de deux classes, *certains* et *probables*. Les maux *certains* sont, 1°. le million et demi extorqué du peuple pour « soutenir la splendeur du trône; » 2°. une quantité de salaires énormes à payer aux ministres dans l'intérieur, aux ambassadeurs chez l'étranger, et aux évêques de l'église ; tandis que la seule besogne de ces hommes et l'intention de leurs salaires est d'accréditer la fiction, que les rois ne sauroient mal faire. Il en coûtera toujours davantage pour accréditer cette fiction, qu'il n'en coûteroit à défrayer tout le gouvernement national sans elle ; 3°. le plus grand de tous les maux certains est, que le million et demi sera presque entièrement dépensé pour corrompre les membres de la législature, et pour accroître le pouvoir du trône, et multiplier les moyens de l'oppression. Si l'argent, après être extorqué du peuple, pouvoit être jeté à la mer, au lieu d'être payé au roi et à ses satellites, il n'y auroit qu'un petit mal ; dans ce cas là, la méchanceté finiroit avec le premier acte d'injustice ; tandis que, dans celui-ci, il multiplie les armes destructives contre le peuple même, il crée des efforts continuels pour obtenir du pouvoir ; il récompense la scélératesse dans les rangs élevés, encourage la perfidie dans les autres, et corrompt les mœurs de la totalité. C'est ce qui dégrade et avilit la masse générale de l'espèce humaine, c'est ce qui lui a valu l'insultante remarque faite par bien des hommes, et même par ceux qui voudroient voir leurs semblables heureux, *que le peuple n'est pas fait pour être libre.*

Parmi les maux *probables* résultans de la fonction royale, le plus grand et le seul en vérité qui mérite qu'on en fasse mention, c'est la chance, qu'elle peut être occupée par un *homme foible ou méchant.* Lorsque cette fonction est héréditaire, l'on ne sauroit guère s'attendre à autre chose. Considérant la naissance et l'éducation des princes, la chance d'en rencontrer un doué d'un sens commun pratique, est un de ces événemens qu'on peut à peine compter parmi les possibles ; et il est tout aussi peu probable d'en trouver un qui ait de la vertu. Comme les tentations à la méchanceté naissent de la situation même où ils se trouvent, elles sont trop fortes pour leur opposer de la résistance. L'adresse persuasive de tous leurs flatteurs, les compagnons de leur jeunesse, les ministres de leurs plaisirs, et tous ceux avec qui ils conversent, doivent nécessairement être occupés à leur persuader qu'il faut augmenter leur revenu, en opprimant le peuple, qu'on a soin de leur représenter, dès leur plus tendre enfance, comme des bêtes de somme. Et ce qui doit presque assurer le triomphe à la méchanceté dans les cœurs des princes, c'est l'idée qu'ils agissent totalement et à jamais sans contrainte. C'est un appas pour le vice, auquel même les hommes de bon sens auroient de la peine à résister. Persuadez un homme quelconque, *qu'il ne sauroit mal faire*, et il vous prouvera bientôt que vous vous êtes trompé.

Prenez, sous toutes les restrictions qu'on sauroit proposer, ce sommaire des maux qui naissent de la monarchie héréditaire, et placez-le d'un côté de votre compte, — placez de l'autre la vérité que, comme je crois, personne qui réfléchit ne révoquera en doute dorénavant, c'est-à-dire, *que les rois ne sauroient bien faire*, et les amis de la liberté n'hésiteront plus à décider sur la question relative à cette partie de votre Constitution.

Je ne saurois quitter cette partie de mon sujet, sans faire quelques remarques sur l'idée générale et vague qui a long-temps voltigé dans le monde, qu'un peuple, dans certaines circonstances, n'est pas fait pour la liberté. Vous savez avec quel insultant langage on a continuellement appliqué cette observation aux Français pendant le cours de votre révolution. Quelques-uns ont dit qu'ils étoient trop *ignorans* pour former un gouvernement à eux ; d'autres, qu'ils étoient trop *pauvres ;* d'autres, qu'ils étoient trop *nombreux ;* et d'autres, qu'ils étoient trop *vicieux.* Je ne descendrai point à l'examen des détails de cette accusation, ni à celui de son entier, comme faisant application aux Français, ou à un autre peuple particulier ; je ne porterai mes remarques que sur l'observation générale, comme étant applicable à une nation quelconque qui existe dans un état de nature. Par un état de nature j'entends un état de paix, dans lequel, comme nation, on a l'intention de vivre de son industrie chez soi, et pas du brigandage en dehors.

Je crois que Montesquieu a dit que la vertu doit être la base du gouvernement républicain. Dans ce moment je n'ai pas son ouvrage devant moi, sans quoi je tâcherois de découvrir ce qu'il entend par vertu. Si par vertu il entend cette disposition morale qui porte les hommes à une justice et bienveillance mutuelle, ce qui est l'idée commune de la vertu ; alors la vertu ne sauroit être la base du gouvernement républicain, ni d'un gouvernement quelconque. Ces qualités-là n'ont pas besoin de gêne. Plus leur influence seroit générale sur un peuple quelconque, moins on auroit besoin de force dans leur gouvernement ; et si nous pouvions supposer nne nation parmi laquelle ces qualités existassent dans un degré parfait, cette nation-là n'auroit besoin d'aucun gouvernement. L'expression du vœu général, lorsqu'il opère sur l'esprit d'un individu, lui sert de substitut de la vertu même. Une nation, dans toutes les circonstances possibles, peut toujours exprimer ce vœu général ; et si la nation se trouve dans un état de nature, cette expression sera toujours *vertu morale*, selon l'idée qu'elle aura du mot, et elle *tendra* toujours à la vertu morale dans le sens le plus étendu dans lequel il nous ait encore été possible de la définir.

Il a été dit qu'il y a autant de différence d'homme à homme, qu'il y en a de l'homme à la brute; il a été dit aussi que le savant et le vertueux doivent faire les lois pour l'ignorant et le vicieux. Je n'ai pas besoin de révoquer en doute la première de ces assertions; mais pour plausible que puisse être la seconde, je dois totalement la dénier, pour le moins dans le sens dans lequel elle est généralement reçue. Que quelques hommes de la société soient plus savans et plus vertueux que les autres, cela est très-naturel; et il est tout aussi naturel que la société choisisse ces hommes-là pour se faire représenter par eux à la formation de leurs lois. Mais, dans ce cas, les lois dérivent du peuple en général, tout ignorant et vicieux qu'il est; et les représentans ne sont que l'organe par lequel son vœu se déclare. Mais ce n'est pas là le sens dans lequel il faut prendre l'intention de l'assertion. On veut dire par là, que si les rois étoient toujours savans et bons, ou si une bande de nobles étoit toujours savante et bonne, l'on ne sauroit mieux faire que de les rendre législateurs héréditaires. Voilà

le

le sens dans lequel je dénie l'assertion, parce qu'elle est contraire à l'analogie de la nature. Comme ceci est un sujet sur lequel nous ne pouvons pas nous en rapporter à l'expérience, nous sommes forcés de raisonner simplement par analogie ; et il me paroît très-évident que si dans un pays quelconque une succession des meilleurs et des plus savans hommes qu'on ait jamais connus, et qu'on connoîtra jamais, fut choisie pour être en perpétuité les législateurs indépendans du peuple, le bonheur et le bon gouvernement de la nation en souffriroient grandement. Je suis fermement convaincu qu'un peuple quelconque, qu'il soit vertueux ou dépravé, savant ou ignorant, nombreux ou peu nombreux, riche ou pauvre, est le meilleur juge de ses propres besoins, relativement à la contrainte des lois, et qu'il pourvoiroit mieux à ces besoins lui-même, que ne le feroit tout autre à sa place.

En publiant ces idées relativement à la paix et au bonheur qu'on peut attendre d'une libre république, l'on m'a souvent accusé d'avoir une opinion trop favorable de l'espèce humaine. Mais il me paroît que la question, si les hommes, sur une étendue donnée du globe, sont capables de se donner leurs lois eux-mêmes, ne dépend pas du tout de leur caractère moral ; elle n'a pas de rapport ni avec leur état de civilisation, ni avec leur état de moralité. La seule recherche préalable est celle-ci : quel est l'objet auquel l'on vise dans le gouvernement ? si c'est le bonheur de toute la communauté, la totalité doit le mieux connoître les moyens d'y parvenir ; si c'est élever un petit nombre d'hommes aux dépens des autres, la décision pourra peut-être prendre une tournure différente.

Une république de castors ou de singes, dans mon opinion, ne pourroit dériver plus d'avantages, en recevant ses lois des hommes, que n'en dériveroient des hommes en se laissant gouverner par des singes ou des castors. Si les Algériens ou les Indous eussent la fantaisie de secouer le joug du despotisme, et d'adopter des idées d'une liberté égale, ils seroient dès ce moment même, dans une condition de faire un meilleur plan de gouvernement pour eux, que ne seroient les hommes d'état les plus instruits du monde.

Si le grand Locke, avec tout son savoir et toute sa bonhomie s'avisoit de tenter l'entreprise, il est probable qu'il ne réussiroit pas mieux qu'il n'a réussi en faisant la constitution pour la colonie de la Caroline méridionale.

Les colonies ont toujours été ennuyées et tourmentées plus ou moins (et le seront en toute probabilité, tant qu'il y aura des colonies) par la sagesse outrée de la mère patrie, en faisant leurs lois et leur constitution. Cela arrive très-souvent, même dans le dessein de tyranniser, et quelquefois avec les meilleures intentions d'avancer le bonheur du peuple. Le malheur git plus souvent dans l'ignorance du législateur sur les vrais besoins et sur les vœux du peuple, que dans un desir capricieux de les contrarier. La seule et sûre preuve qui caractérise la bonté d'une loi, c'est *qu'elle soit l'expression parfaite du vœu de la nation ;* son expérience est précisément en proportion de l'universalité et de la liberté du consentement. Et cette définition reste la même, quelque puisse être le caractère de la nation ou l'objet de la loi. Chaque homme, comme individu, a son vœu à lui, et une manière de l'exprimer. En formant ces individus en société, il est nécessaire de former leurs vœux en gouvernement; et en faisant cela, nous n'avons qu'à trouver le mode le plus aisé et le plus clair pour exprimer leurs vœux d'une manière nationale. Et il n'y a point de désavantages possibles relativement à leur état de moralité ou de civilisation qui puisse rendre cette tâche difficile.

Je suis entré dans ces raisonnemens, non pour prouver simplement que les *Français*, qui, certainement au moment où nous sommes, sont la nation la plus éclairée de l'Europe, sont faits pour être libres; mais afin que la calomnie, contenue dans l'assertion contraire, ne soit pas répétée contre toute autre nation, qui pourroit suivre ses traces, et dont les prétentions à cet égard pourroient paroître plus douteuses aux yeux de ceux qui font des remarques à la mode.

Mais on me dira que je suis venu trop tard, avec toutes ces observations, sur la nécessité de proscrire la royauté de votre constitution. Cette cause est déja jugée dans les esprits de tout le peuple Français;

et leurs vœux seront surement la règle de votre conduite. Je suppose que, sans qu'un étranger vous rappelât votre devoir, une de vos premières résolutions seroit de lancer l'anathème national contre toutes les traces d'un pouvoir royal, et que vous tâcheriez d'effacer du caractère humain la tache qu'il reçut avec sa vénération pour les rois et les droits héréditaires. Mais il faut beaucoup de réflexion pour savoir précisément où doit vous mener ce devoir. Il y a dans votre Constitution des vices qui, quoique en apparence ils ne tiennent pas au roi, ont pris leur origine dans des idées royales. Afin de purifier tout le code de ces vices, et de purger l'espèce humaine de leurs effets, il sera nécessaire de recourir à bien des principes qui ne paroissent pas avoir frappé les esprits de votre première assemblée.

Vous me permettrez d'indiquer légérement quelques-unes des grandes masses de l'ouvrage auquel on s'attend de votre part, d'après les avantages particuliers qui se présentent à vous pour former une glorieuse république. Quoique plusieurs de mes idées puissent être parfaitement superflues, comme étant les mêmes qui se présenteront à chaque membre de votre corps, il n'en est pas moins possible que quelques-unes frappent l'esprit sous un nouveau point de vue, et qu'elles conduisent à des réflexions qui ne vous seroient pas venues d'un autre côté. Si cela fut le cas, même dans le moindre degré, nous devrions le considérer, de part et d'autre, comme une ample récompense pour la peine que nous aurons, vous à lire, et moi à écrire cette lettre.

En considérant le sujet de gouvernement, lorsqu'une fois l'ame s'est débarrassée des entraves de la royauté, elle se trouve dans un nouveau monde. Elle s'élève à une vue plus étendue de chaque circonstance de l'état social. La nature humaine prend une forme nouvelle et plus noble, et développe maints traits moraux, dont on ne se doutoit pas, parce qu'ils ont toujours été déguisés. Dans ce cas, il faut du temps avant qu'on acquierre l'habitude de poursuivre les effets jusqu'à leurs véritables causes, et d'appliquer les remèdes aisés et simples aux vices de notre espèce, que la société nous ordonne d'arrêter. Voilà, je crois, la source des plus grandes difficultés que vous aurez à combattre. En fait de gouvernement, nous sommes tellement accoutumés aux systêmes les plus compliqués, comme étant nécessaires pour accréditer ces impostures, sans lesquelles on a cru qu'il étoit impossible de gouverner les hommes, qu'il nous paroît une tâche nouvelle de concevoir la simplicité à laquelle peut se réduire le travail d'un gouvernement, et à laquelle il faut qu'il soit réduit, si nous voulons qu'il réponde au but de faire naître le bonheur.

Je suppose qu'après avoir proscrit la royauté avec toutes ses dépendances, l'on ne jugera pas à propos d'appuyer en France d'autres erreurs et superstitions d'une semblable nature; mais qu'au contraire la raison simple et sans déguisement sera en toute chose préférée au manteau dont se couvre l'imposture. Si ce fut-là le cas, vous concevrez qu'il n'est plus nécessaire de maintenir une *église nationale*. Cet établissement est une imposture si manifeste, faite au jugement des hommes, que l'Assemblée constituante doit l'avoir envisagé sous ce point de vue. C'est une de ces idées monarchiques par lesquelles l'on nous fait le méprisable compliment de supposer que nous ne sommes pas à même d'être gouvernés par notre propre raison. Supposer que les Français doivent apprendre la manière de servir Dieu sur les décrets du Concile de Trente, est certainement tout aussi absurde que d'avoir recours à ce Concile pour qu'il leur apprenne à respirer ou à ouvrir leurs yeux. Il n'est pas non plus vrai, comme les défenseurs de cette partie de votre Constitution voudroient nous le donner à entendre, que la préférence y donnée à un seul mode de culte, en payant les prêtres catholiques de la bourse nationale, à l'exclusion de tous les autres, est fondée sur l'idée de la propriété, qu'on suppose avoir été possédée par cette église, et que l'Assemblée a déclaré devoir, depuis ce temps-là, appartenir à la nation.

L'église, dans ce sens, ne signifie autre chose qu'un *mode de culte*, et vouloir prouver qu'un mode peut être propriétaire foncier, cela demande une subtilité de logique que je n'entreprendrai pas de réfuter.

Le fait est que l'église, considérée comme *hiérarchie*, a toujours été nécessaire pour le soutien de la royauté ; et, comme l'Assemblée desiroit conserver quelque chose de l'ancienne fabrique, elle a été très-conséquente en son dessein, en conservant quelque chose de cet appui nécessaire. Mais la fabrique étant actuellement renversée, l'appui peut être ôté sans danger. Je suis fermement persuadé que la monarchie et la hiérarchie auront le même tombeau, et qu'elles ne verront pas la fin de cette année en France.

Je sais qu'il y a des gens portés pour le bien-être de la société, qui assurent et croient que la religion se perdroit parmi les hommes, si l'on proscrivoit tout établissement légal de la manière de l'exercer. Je ne serois pas si parfaitement convaincu de l'absurdité de cette opinion, que je le suis, s'il étoit moins facile de voir comment elle fut introduite. C'est, comme je le crois, une idée purement politique; et elle doit son origine à la nécessité supposée de gouverner les hommes par la fraude, —d'ériger leur crédulité en hiérarchie pour soutenir le despotisme de l'Etat. Je prétends que la religion est un penchant naturel à l'ame, comme la respiration est naturelle aux poumons. Si cela est vrai, il n'est pas à craindre qu'elle soit perdue; et je ne vois pas plus de raison qu'on fasse des lois pour régler l'impression de la Divinité sur l'ame, qu'il y en auroit à régler l'action de la lumière sur l'œil, ou de l'air sur les poumons. Je serois donc d'opinion qu'en débarrassant cet objet de tout le déguisement dont l'avoit enveloppé un gouvernement inégal, vous ne pourvoirez nullement à la subsistance d'une classe quelconque d'hommes, sous le faux prétexte de maintenir le culte de Dieu. Mais vous ferez bien de laisser à chaque partie de la communauté la liberté de nommer et payer des ministres comme il lui plaira. Le mode de culte auquel ils pourvoiront de cette manière, sera celui qui conduira le plus au maintien du bon ordre, car ce sera celui dans lequel ils croiront.

Depuis votre révolution, l'on a dit bien des choses sur la différence qu'il y a entre la tâche de former une Constitution et celle de faire des lois ordinaires. J'ai peur en vérité, qu'on ait dit ou trop, ou trop peu, à ce sujet; car il me semble que la doctrine, reçue dans ce moment, n'est pas celle que le sujet présenteroit naturellement à l'esprit. Elle nous apprend à considérer les lois, qu'on appelle *Constitutions*, dans un jour si sacré, qu'on y sent trop l'ancien levain de vénération pour ce qui nous venoit de nos ancêtres; et chaque degré d'une telle vénération est un pas en arrière de l'amélioration que l'on pourroit peut-être faire. Supposer que nos prédécesseurs étoient plus savans que nous, cela n'est pas extraordinaire, quoique cette opinion puisse être mal fondée; mais supposer qu'ils peuvent nous avoir laissé un systême de règlemens politiques meilleur que nous ne saurions en faire pour nous-mêmes, c'est leur attribuer un degré de discernement auquel le notre n'est pas comparable; cela suppose qu'ils connoissoient mieux notre situation par inspiration prophétique que nous ne pouvons la connoître par expérience.

Il y eut, dans votre première assemblée,

non-seulement un degré d'arrogance, à supposer d'avoir formé une Constitution qui, dans le cours de plusieurs années, ne demanderoit aucun amendement; mais elle découvrit un grand degré de foiblesse, en supposant que les barrières ridicules dont elle l'avoit environnée, seroient suffisantes pour arrêter le poids puissant des opinions, et pour empêcher le peuple d'exercer le droit irrésistible de l'innovation, dès que l'expérience lui auroit découvert les vices du système. C'est, tant à ces barrières qu'aux vices inhérans de la Constitution, que l'on doit attribuer, en partie, les dernières insurrections à Paris. Si nous voulions tracer les causes des émeutes populaires, nous trouverions toujours leur origine dans une gêne préalable et injuste.

Je ne voudrois cependant pas qu'on crût que je ne veux pas de distinction entre le code constitutionnel et d'autres lois occasionnelles. Il y a lieu à une différence très-considérable, tant au mode de les exprimer, qu'aux formalités à observer pour les révoquer ou pour y porter des amendemens. Je présenterai quelques remarques vers la fin de cette lettre sur un plan pour les amendemens. Quant à la nature du code en général, il faut que, pour être bien entendu, il soit du style le plus simple et le plus aisé possible; car il doit servir, non seulement de guide au Corps législatif, mais encore de grammaire politique au citoyen. Le plus grand avantage qu'on en puisse attendre, est celui de concentrer les maximes et de former l'habitude de penser pour toute la communauté. Pour cela il ne suffit pas qu'il soit purgé de toute trace de monarchie et de hiérarchie, avec toutes les impostures et toutes les inégalités qui sont nées insensiblement de ces idées. Mais il faudroit qu'il contemplât tout le cercle des penchans de l'homme, et qu'il tranchât court à toutes les tentations et occasions pour dégénérer en ces maux qui ont si long-temps affligé l'espèce humaine, et desquels nous ne commençons qu'à nous relever.

Après avoir posé la grande base fondamentale, *que tous les hommes sont égaux en droits*, le but invariable du contrat social doit être celui d'assurer l'exercice de cette égalité, en les rendant égaux dans toute espèce de jouissance autant que cela peut s'accorder avec le bon ordre, l'industrie et la récompense du mérite. Il faut que chaque individu soit rendu aussi *indépendant* de l'autre qu'il est possible, et en même temps aussi *dépendant* qu'il est possible de l'entière communauté. C'est sur cette maxime incontestable, que je crois qu'il faudroit établir et garantir les principes suivans dans le code constitutionnel.

1°. La seule base de représentation dans le gouvernement devroit être la *population*. Le territoire et la propriété, quoique absurdement rapportés par votre assemblée constituante, comme formant partie de la base pour la représentation, n'y ont point d'intérêt. La propriété ne donne à son possesseur d'autres droits que ceux de la jouissance. Il est absurde de dire que la propriété réclame la protection de la société, car elle est déja protégée, sans quoi ce ne seroit pas une propriété. C'est la personne, et non la propriété, qui exerce une volonté, et qui est susceptible de jouir du bonheur. C'est donc la personne pour qui le gouvernement a été institué, et par qui ses fonctions sont exécutées. La raison, pour laquelle la propriété a été regardée comme donnant au possesseur un droit de plus aux affaires du gouvernement, est la même que celle qui a aveuglé l'entendement des hommes relativement à l'ordre total de la nature dans la société. C'est un des accessoires de la monarchie et de l'oligarchie qui enseigne que le but du gouvernement est d'augmenter la splendeur du petit nombre et la misère du grand. Et chaque pas que font de tels gouvernemens, a une tendance à contrarier l'égalité des droits en détruisant l'égalité des jouissances.

2°. En adoptant la population pour seule base de représentation dans les départemens, la première mesure que vous prendrez après, sera de déclarer tout homme indépendant, citoyen actif. J'entends par un homme indépendant, tout homme que la loi ne place pas sous la tutelle d'un autre pour cause de minorité ou de domesticité. Dans mon opinion, les lois de la France ont toujours reculé de plusieurs années de trop le période de la majorité, c'est-à-dire, elles l'ont placé plus tard que ne l'a fait la nature. Politiquement vu, cela n'étoit cependant que de très-peu d'importance, tant que votre gouvernement restoit despotique; mais actuellement, lorsque les droits de l'homme sont remis en force, et que le gouvernement est rétabli sur cette base, il est conséquent d'augmenter autant qu'il est possible le nombre des citoyens actifs. Et pour cela je supposerois que le période de la majorité dût être placé du moins à l'âge de vingt ans. Un tel changement en France produiroit bien des avantages. Il augmenteroit la masse des connoissances et de l'industrie, en inspirant de bonne heure à la jeunesse des idées d'indépendance et la nécessité de se procurer un état par quelque emploi utile : ce seroit pour elle un grand motif de se marier plus jeune, d'augmenter la population, et d'encourager la pureté des mœurs.

Je suis de même pleinement convaincu que l'Assemblée avoit tort en supposant que l'état de domesticité dût priver l'homme des droits d'un homme libre. C'est encore un reste des idées que l'ancien régime lui avoit inspirées. Dans le cas où le domestique dépend absolument du caprice de son maître pour conserver sa place, et par conséquent son pain, dans ce cas là, dis-je, il y a en

vérité

vérité grande force dans l'argument : que le domestique ne sauroit avoir une volonté à lui ; et qu'il donnera ses suffrages sous l'influence de son maître. Mais lorsque tout homme sera absolument libre d'adopter une profession quelconque, toute espèce d'industrie étant également encouragée et récompensée ; et particulièrement lorsque tout homme sera bien instruit sur ses devoirs et ses droits, ce qui certainement sera la conséquence du systême que vous avez commencé, de tels argumens s'écrouleront avec le systême qu'ils défendent. Le domestique et le maître, quoique point égaux quant à la fortune et aux talens, peuvent être parfaitement égaux quant à la liberté et la vertu. Par-tout où le domestique dépend plus de son maître, que le maître ne dépend du domestique, il y a quelque chose de louche dans le gouvernement. La même remarque peut, je pense, être répétée avec peu de variation à l'égard des débiteurs en état d'insolvabilité, qui forment une autre classe d'hommes destitués des droits de la liberté par la première Assemblée.

3°. La manière dont on peut acquérir ou

perdre l'état de citoyen, est encore un objet qui demande qu'on le reprenne en considération, comme ayant été laissé dans un état susceptible d'amélioration par vos prédécesseurs. Leur règlement a en vérité été noble en comparaison de ce que d'autres gouvernemens ont fait à cet égard; mais il ne l'est plus en comparaison de ce que demande ce sujet. Je suis persuadé que, lorsque la société se trouvera rédigée sur le pied qu'il faut, les citoyens d'un état quelconque regarderont les citoyens de tout autre état comme leurs frères et comme leurs camarades citoyens du monde; et dans ce cas, ceux qu'on appelle des étrangers, lorsqu'ils s'établiront parmi eux, n'auront qu'à simplement déclarer leur intention de résidence pour obtenir les titres nécessaires à tous les droits dont jouissent les natifs. Je desirerois fort que les Français donnassent l'exemple de cette générosité, comme ils l'ont fait en tant d'autres bonnes choses; et je crois encore qu'en revisant ce sujet, vous ne manquérez pas de le faire.

Mais d'après votre constitution il y a plus d'un cas où l'on peut perdre les droits de citoyen ; entre autres il y en a un dont je ne vois pas la raison ; c'est le cas de naturalisation dans un pays étranger. Cela est si manifestement ignoble et injuste que je suis presque sûr que vous y ferez un changement. C'est une ancienne idée féodale de loyauté, qui se fonde sur la supposition que la fidélité qu'on doit à un pays est incompatible avec nos devoirs envers un autre. Lorsqu'à un citoyen d'un état on fait cadeau de la bourgeoisie d'un autre état, cela se fait généralement en reconnoissance de son mérite ; mais votre Assemblée constituante l'a regardé comme un châtiment. Plusieurs de vos citoyens ont été naturalisés en Amérique ; mais le gouvernement américain ne pouvoit pas prévoir que cette démarche de leur part priveroit ces personnes de leur droit de bourgeoisie chez eux. Vous venez de conférer, naguères, les droits de citoyen français à George Washington : s'il acceptoit l'honneur que vous lui avez fait, et qu'à cet égard la Constitution de l'Amérique fût la même que la vôtre, Washington devroit être immédiatement démis de sa charge, et perdre à jamais les droits de bourgeoisie dans son pays.

4°. Vous prendrez sans doute en considération le sujet important de la *fréquence des élections populaires*, comme exigeant une délibération ultérieure. C'est un article auquel on ne sauroit donner trop de réflexion. Elle a une influence sur la disposition du peuple et sur l'esprit du gouvernement dans une foule de cas, qui échappe à l'observation commune. J'ai dit plus haut, qu'un des premiers objets de la société étoit de rendre chaque individu parfaitement dépendant de toute la communauté. Plus l'on atteint complètement à cet objet, plus sera parfaite l'égalité des jouissances et le bonheur de l'Etat. Mais, de tous les individus, ceux qui sont élus comme organes du peuple pour faire et pour exécuter les lois, devroient sentir cette dépendance dans le plus haut degré. La méthode la plus aisée et la plus simple pour cet effet, c'est de les obliger d'avoir fréquemment recours aux auteurs de leur existence officielle, de déposer leurs pouvoirs, de se mêler avec leurs camarades, et d'attendre la décision de ce même vœu souverain qui les créa la première fois, pour savoir s'ils méritent une seconde fois la même confiance.

Il y a sans doute des limites à poser à cette fréquence d'élections qu'il seroit nuisible de franchir ; car toute chose a son milieu entre deux extrêmes vicieux. Mais je ne connois point de charge dans aucun département de l'Etat, qu'il fût nécessaire de garder au-delà d'un an sans une nouvelle élection. La plupart de ceux qui approuvent cette idée à l'égard des fonctions législatives, font des exceptions à l'égard des fonctions exécutives, et particulièrement à l'égard de celles qu'on nomme judiciaires. Je sens tous les raisonnemens qu'on emploie communément pour étayer ces exceptions; mais ils me paroissent avoir peu de poids en comparaison de ceux qui sont en faveur des élections universelles annuelles. Le pouvoir a toujours été, et doit toujours être une chose dangereuse. J'entends par pouvoir, le pouvoir pris dans la grande masse de la société, et confié à un petit nombre de mains; car ce n'est que dans ce sens là qu'on peut proprement l'appeler pouvoir. L'on ne sauroit faire agir à la fois les forces physiques de tous les individus d'une grande nation sur un seul objet; et l'on peut dire la même chose de leurs forces morales. Il est donc nécessaire que l'exercice de ces forces soit toujours appliqué par délégation ; les morales en fait de législature, les physiques en fait d'exécution. Voilà la véritable définition du pouvoir national ; et, dans ce sens, il est nécessairement dangereux. Car proprement dit, ce pouvoir ne s'exerce pas par ceux à qui il appartient, et pour le bien-être de qui on vouloit qu'il opérât. Un dépôt semblable est d'une nature à renverser, en quelque manière, l'ordre des choses ; il élève en apparence le serviteur au - dessus du maître, et le dispose à sentir une espèce d'indépendance que le citoyen, et particulièrement le fonctionnaire public, ne devroit jamais sentir.

La tendance du gouvernement a toujours été de diviser la société en deux partis, — en gouverneurs et en gouvernés. Les inconvéniens qui en résultent sont presque innombrables. Cette maxime non-seulement dispose chaque parti à regarder l'autre avec des yeux de jalousie et de méfiance, qui bientôt conduisent à des hostilités, soit secrètes, soit ouvertes; mais elle corrompt, en effet, les mœurs des deux partis, et détruit les principes vitaux de la société; elle fait du gouvernement un trafic pour le petit nombre, condamne le grand nombre à une soumission servile, et fait que la totalité emploie la perfidie comme un artifice commun. Pour prévenir ces inconvéniens, je voudrois que personne ne fût placé dans une position où il pût dire de gouverner le moment qu'il cesse de s'acquitter de sa charge à la satisfaction de ses concitoyens, et même alors je voudrois que le période de son gouvernement ne fût que très-court. Il faudroit qu'il se regardât, en tout temps, comme un homme qui est près de changer de place avec quelqu'un de ses voisins qui, dans ce moment, est soumis à son autorité.

Mais, pour atteindre à ce but, le fréquent retour des élections n'est pas seul suffisant. Je suis fermement d'opinion, qu'à l'égard de tout fonctionnaire illimité, il faudroit qu'il y eût une exclusion à tour de rôle. Les fonctions purement ministérielles, commissaires, greffiers, secrétaires, enregisteurs etc., pourroient peut-être souffrir une exception ; mais il faudroit non-seulement que des élections annuelles fissent sentir aux législateurs, conseillers exécutifs, juges et magistrats d'une nature quelconque, qu'ils dépendent du peuple ; mais encore que l'exclusion de fonction les mît souvent à même de se mêler avec lui. Cela produiroit, non comme on l'affirme, que personne ne s'entendroit du gouvernement ; mais au contraire, que chacun s'en entendroit. Cela inspireroit un desir prodigieux aux hommes de toute espèce et dans tout le pays, d'acquérir des connoissances. Tout homme doué de talens ordinaires, seroit capable non-seulement de veiller sur ses propres droits, mais aussi d'exercer les fonctions qui affermissent la sureté publique. Car tout ce qui se trouve dans l'art de gouverner, tant législatif qu'exécutif, au-dessus de la capacité de cette classe d'hommes qu'on appelle bien instruits, est superflu et nuisible, et devroit être mis de côté. L'homme qu'on appelle *politique*, dans le sens qu'on donne à ce mot dans notre Europe moderne, exerce une profession infiniment plus destructive que celle d'un voleur de grands chemins. L'on peut dire la même chose du *financier* dont l'art et le mystère, d'après le systême financier de nos temps, consistent à faire des calculs qui mettent les gouvernemens en état de soudoyer les hommes, pour s'entre-égorger avec des lettres de change tirées sur la postérité.

Je voudrois pour cela que vous revisassiez l'article sur les élections biennales, comme l'a institué votre première Assemblée, et que vous les rendissiez annuelles ; et il faudroit que le même terme et le même mode d'élection s'étendît sur tous les fonctionnaires exécutifs, dont les fonctions sont en quelque manière illimitées. Je crois aussi qu'il seroit essentiel que nulle charge de cette espèce ne fût tenue par le même homme plus de deux ans dans quatre. De cette manière vous enverriez dans les départemens et dans toutes les parties de l'empire, à des époques fréquentes, quelques milliers de personnes douées de connoissances pratiques des affaires publiques: ce seroit pour le moins la manière de doubler le nombre de ces hommes bien instruits; et en offrant à d'autres les motifs pour se qualifier à meriter la confiance de leurs concitoyens, le nombre d'hommes doués de connoissances théoriques seroit pour le moins décuplé. Tous ces hommes seront des gardiens vigilans de la sureté publique. Mais ce ne sont pas là tous les avantages des élections fréquentes. Elles habituent le peuple à la besogne des élections, et le mettent en état de s'en acquitter avec ordre et régularité, comme si c'étoit leur travail journalier; elles habituent les candidats d'élection à se voir gratifiés de la confiance publique, ou à s'en passer dans l'attente de l'obtenir, de manière que ni le succès ni la privation ne feront cette profonde impression sur l'esprit qu'ils feroient en d'autres circonstances. C'est de cette manière que vous taririez la source infinie de cette intrigue et de cette corruption, que prédisent avec tant d'horreur ceux qui n'ont pas assez étudié les effets d'un gouvernement populaire bien organisé. Mais je toucherai, dans l'article suivant, à une autre méthode non moins efficace pour étouffer tous les artifices mis en usage par ceux qui se débattent pour obtenir du pouvoir et des places.

5°. Entre autres fausses notions sur les choses que la monarchie a éternisées chez nous, et qu'il est extrêmement difficile de déraciner de l'esprit, l'on doit compter l'opinion établie, que tout gouvernement doit donner à ses agens des *salaires énormes*. Cette idée a été d'ordinaire, et plus particulièrement, appliquée en faveur des fonctionnaires exécutifs du gouvernement, et à leurs sous-agens; et elle a pris son origine dans le principe précédent, que le gouvernement divise le peuple en deux classes, et que la même quantité d'ouvrage étant du ressort d'une de ces classes, doit être payée plus cher que si elle étoit du ressort de l'autre, quand même ce travail seroit exécuté par le même homme, et qu'il demanderoit les mêmes efforts de talens. Votre Constitution se taît sur la quantité de salaire à donner à des fonctionnaires particuliers; elle dit seulement, « que la nation pourvoira à la splendeur du trône, » (ce qui en vérité est une déclaration de guerre contre la liberté du peuple;) mais les auteurs de cette Constitution, dans leur capacité législative, après avoir pourvu à cette splendeur avec une somme suffisante pour acheter la majorité de presque un corps quelconque de sept cents législateurs, alla plus loin et pourvut à la splendeur des ministres. Ils donnèrent, si je ne me trompe, à un d'eux cent cinquante mille livres, et cent mille aux autres. L'un portant l'autre, c'est à peu près trois fois plus qu'il n'auroit fallu donner, à moins qu'on n'eût pour but de faire marcher le gouvernement par l'intrigue pour les places.

Je ne parle pas de cet article par rapport à l'économie. Cette considération, pour importante qu'elle soit en apparence, est une des plus minces qui puisse frapper l'esprit au sujet des salaires publics. Le vice de payer trop enfante mille maux. Il suffit presque seul pour détruire tous les avantages qu'on peut attendre de l'institution d'un gouvernement égal. La règle générale qu'il faut adopter dans ce cas (ce qui peut-être est tout ce qu'on peut dire là-dessus dans la Constitution,) me paroît être celle-ci : *Que pour le desservissement d'une fonction publique quelconque, il sera donné tant, et pas plus qu'il ne faut pour engager les personnes, douées de la capacité requise, à l'entreprendre.* Si cette règle étoit strictement suivie, l'on pourroit conclure avec raison, qu'il n'y auroit pas plus d'empressement et d'intrigue parmi les candidats pour obtenir des places dans le gouvernement, qu'il n'y en a parmi des manufacturiers pour vendre leurs marchandises. Cette conclusion acquiert une plus grande probabilité de justice, lorsqu'on considère que votre intention est d'ôter aux serviteurs de la nation tout espoir d'obtenir les deniers publics par des voies indirectes et frauduleuses. Quand il n'y aura plus de liste civile, ou de livre rouge, plus de protection ministérielle dans l'église et dans l'état, plus de vente de justice ou achat d'oppression, ou espèce quelconque de tours de bâton; mais quand le candidat sera sûr que tout l'argent qu'il recevra ne sera que la simple somme que la législature lui a promise, et que cette somme n'ira pas au-delà de ce que vaut honnêtement son ouvrage; il acceptera ou abandonnera la plus importante charge, comme il quitteroit de l'occupation la plus ordinaire.

Cette circonstance seule des salaires, étant sagement gardée de tous les côtés, changeroit dans le cours de son operation presque toute la face morale du gouvernement. Elle imposeroit silence à toutes les clameurs contre les principes républicains, et elle répondroit à mainte calomnie à la mode contre la nature du cœur humain.

6°. Il y a encore une opinion douteuse qui existe même de nos jours dans les pays républicains; et comme elle a fait quelque figure en France, et qu'elle se trouve en liaison avec le sujet des salaires, j'en ferai mention ici. L'on croit qu'il est nécessaire à l'énergie du gouvernement que ses fonctionnaires se revêtissent d'une espèce de pompe et de splendeur extérieure, pour éblouir les yeux et inspirer à l'esprit du public une vénération pour leur autorité. Comme cette pompe ne peut être soutenue qu'à grands frais, sa nécessité supposée est toujours mise en avant pour les grands salaires; et, en admettant que la première proposition soit vraie, la conséquence est certainement raisonnable et juste. S'il faut que nous soyons gouvernés par l'imposture, il est juste que nous la payions. Mais tout l'argument est faux; c'est-à-dire, quand nous admettons que la monarchie et la hiérarchie sont fausses, c'est le symbole de cette espèce de gouvernement, qui fait directement l'opposé des principes républicains, ou du gouvernement de la raison. Je ne nie pas que cette pompe officiale ne produise en grande partie l'effet qu'on en attend; elle en impose à cette portion d'hommes qui ne pensent point, et elle tend à s'assurer de leur obéissance. Cet effet cependant n'est pas si grand que ne le seroit la simplicité et la dignité naturelle de la raison; mais il devient plus pernicieux aux habitudes morales de la société, qu'on n'est porté à imaginer à la première vue. Pour peu qu'on prenne le peuple par l'imposture, il sera conduit à de fausses idées de lui-même, de ses fonctionnaires et de l'autorité réelle de la loi. C'est un éloignement fatal de la véritable intention du gouvernement; car son principal but devroit certainement être de rectifier nos opinions, et de perfectionner nos mœurs.

Quant à moi, lorsque dans la vie privée j'aperçois un homme qui se revêt d'un extérieur brillant pour se faire remarquer, je ne saurois m'empêcher de sentir l'insulte qu'il fait à mon jugement ; car cet homme veut me dire que je n'en ai pas assez pour distinguer son mérite sans cette espèce d'*ecce signum*. Et lorsqu'un fonctionnaire du gouvernement étale l'impertinence d'un petit maître, et qu'il se fait traîner par six ou huit chevaux, tandis que deux lui seroient réellement plus commodes, je souffre de l'insulte qu'il fait à la nation et de la stupidité du peuple qui ne s'en aperçoit pas. Car le langage de cette momerie n'est que simplement celui-ci ; que le fonctionnaire ne sauroit se reposer sur sa dignité personnelle pour se faire respecter, ni les lois sur leur propre justice pour assurer leur exécution. C'est une confession manifeste de sa part, que le gouvernement est mauvais, et qu'il est obligé d'éblouir le peuple pour qu'il ne découvre pas l'imposture.

Lorsqu'une

Lorsqu'une bande de juges assis sur leurs bancs se donnent la peine d'envelopper leurs têtes et leurs épaules des crins de leurs chevaux, pour paroître autant d'oiseaux de la sagesse, il y a lieu à soupçonner qu'ils voudroient nous vendre l'emblême pour la réalité.

Il est essentiel au caractère d'une libre république, que chaque chose se réduise sur l'échelle de la raison; que les hommes et les lois se reposent sur leur valeur intrinsèque, et que l'ombre de l'imposture ne soit pas même offerte au peuple; car l'imposture ne sauroit manquer de les dépraver, et de frayer le chemin à l'oppression. Je fais ces remarques, non parce qu'elles forment un article fait pour avoir une place dans votre Constitution, mais pour éloigner toute apparence d'argumens en faveur des grands salaires; et je crois que la Constitution devroit contenir une déclaration générale, *que tout salaire public sera réduit à une somme pas plus grande qu'il ne faut pour récompenser le fonctionaire de son ouvrage;* la fixation de laquelle somme doit naturellement être laissée à la législature.

7°. Il me paroît qu'il y a en France une erreur de doctrine à l'égard de la relation qu'il doit y avoir entre le représentant et son constituant immédiat. Il est dit que lorsqu'un représentant est une fois choisi et député vers l'Assemblée, il doit n'être plus considéré comme représentant du peuple du département particulier qui l'a envoyé, mais de la nation entière; et que, par conséquent, durant le terme pour lequel il a été élu, il n'est pas responsable envers le peuple qui l'a élu, mais que l'Assemblée nationale seule doit le réprimer, le démettre ou le suspendre. Cette maxime paroît avoir été établie pour se défaire d'une doctrine contraire, dans laquelle l'on trouvoit des inconvéniens qui étoient que le délégué seroit, en tout temps, obligé de suivre les *instructions* de ses constituans; au moyen de quoi tous les avantages qu'on pouvoit attendre de la discussion et de la délibération, étoient perdus. Si la première est une erreur, comme je crois que c'en est une, il est aisé de l'éviter sans se plonger dans la dernière. Lorsque le délégué reçoit des instructions qu'il trouve être contraires à l'opinion qu'il s'est formée après, il doit présumer que ses constituans, n'ayant pas eu l'avantage d'entendre la discussion nationale, ne sont pas bien instruits sur le sujet, et il est de son devoir de voter selon sa conscience. Il est à supposer que, pour sa propre satisfaction, il leur expliquera ses motifs; mais si, par rapport à cette ou toute autre circonstance, ils ne sont pas contens de sa conduite, ils ont en tout temps l'indubitable droit de le rappeler et de nommer un autre à sa place. Cela tendra à maintenir une juste relation entre le représentant et le peuple, et chez le premier une due dépendance du dernier. D'ailleurs, quand un homme a perdu la confiance des concitoyens de son département, il n'est plus leur représentant; et, lorsqu'il cesse d'être le représentant de ceux-ci, il ne sauroit, dans aucun sens, être le représentant de la nation; puisqu'on ne prétend point qu'il puisse dériver une autorité quelconque que par ses constituans. Cependant cela ne sauroit priver l'Assemblée de son droit d'expulser ou de suspendre un de ses membres pour sa conduite réfractaire, qu'on peut regarder comme une offense contre l'Etat.

8°. L'article d'*inviolabilité*, considéré comme appliqué aux membres de l'Assemblée ou à un fonctionnaire quelconque de l'Etat, mérite une considération ultérieure. Mais, avant qu'il soit encore une fois décidé dans l'affirmative, il faudroit que vous fissiez un examen général du sujet intéressant de l'*emprisonnement pour dette*. C'est une espèce de cruauté civile que tous les gouvernemens modernes ont empruntée de la loi romaine, qui regardoit un débiteur comme un criminel, et qui confioit le soin de le punir aux mains de son créancier, en lui prêtant la prison publique comme l'instrument de sa vengeance particulière. C'est une tache pour la sagesse d'une nation, qui ne peut jamais être permise dans un Etat bien ordonné. Si nul citoyen ne pouvoit être arrêté, ou privé de sa liberté pour dette, vous n'auriez pas besoin de faire une exception en faveur des fonctionnaires du gouvernement ; et, de cette manière, vous détruiriez une distinction qui doit toujours paroître injuste.

9°. Vous ne croirez pas vous être acquittés de votre devoir d'une manière à satisfaire vos propres esprits à l'égard de l'établissement d'une constitution dans laquelle les amis de l'humanité voient l'anticipation d'une régénération totale de la société, jusqu'à ce que vous ayez donné une déclaration ultérieure au sujet de la loi criminelle. Tous les hommes qui réfléchissent, sont d'accord sur ce que les punitions, dans les temps modernes, ont perdu toute proportion avec les crimes auxquels elles sont applicables, même dans la balance de cette justice barbare qui les a créées. Il y en a cependant peu qui aient eu la science de découvrir, ou la hardiesse de déclarer, les véritables causes du mal; et, tandis que nous restons dans l'ignorance de la cause, il n'est pas étonnant que nous errions dans la découverte du remède. Dans mes sombres méditations sur la misère de la vie civilisée, j'ai presque été tenté d'adopter cette conclusion, que la société elle-même est la cause de tous les crimes; et comme telle elle n'a point du tout le droit de les punir. Mais sans trop nous livrer à la sévérité de cette assertion, nous pouvons nous hasarder à dire que toute punition est un nouveau crime, quoique dans tous les cas il ne seroit pas si grand que celui qui naîtroit de l'omission de punir.

Il y a une différence manifeste entre la *punition* et la *correction ;* celle-ci, parmi des êtres raisonnables, peut toujours se faire par la voie d'instruction, ou tout au plus par une espèce de douce gêne. Mais la punition, du côté du public, ne découle d'aucune autre source que de la jalousie du pouvoir. C'est une confession de l'incapabilité de la société de se garantir contre un membre ignorant ou réfractaire ; lorsqu'il y a des factions dans un état qui se disputent le pouvoir suprême, les punitions infligées par chaque parti sont sommaires ; elles précèdent souvent le crime ; et les factions tirent vengeance les unes des autres, comme par anticipation, des torts auxquels elles s'attendent. Quelque chose de très-semblable arrive continuellement chez toutes les nations dans ce qu'on appelle un état de tranquillité et d'ordre ; car le gouvernement n'a communément été rien de plus qu'une faction réglée.

Le parti qui gouverne et celui qui se soumet avec répugnance au gouvernement de l'autre, fomentent une guerre perpétuelle, et de cette guerre naissent les crimes et les punitions, ou pour mieux dire, les punitions et les crimes. Quand nous voyons le pouvoir de la nation saisir un individu, le traîner devant un tribunal, prononcer sur lui l'arrêt de mort, et puis passer par les formalités solennelles de l'exécution, il est naturel de demander, que veut dire tout cela? Cela veut dire certainement que la nation est dans un état de guerre civile, et même dans cet état barbare de guerre, où il est réputé nécessaire de faire mourir tous les prisonniers. S'il falloit décider la question, si un criminel particulier doit être mis à mort, je ne demanderois jamais quelle est la nature de son crime, il n'a rien de commun avec la question; je demanderois simplement quelle est la situation de la société. Si elle se trouvoit dans un état de paix intérieure, je dirois qu'il est méchant et absurde de penser à infliger une telle punition : vouloir soutenir que la nécessité exige ce moyen désespéré;

c'est prouver que le gouvernement manque d'énergie, ou la nation de sagesse.

Lorsque les hommes sont en état de guerre, la baïonnette de l'ennemi sur la poitrine, ou lorsqu'ils sont dans la chaleur d'une révolution, environnés de la trahison et tourmentés par la corruption, alors il y a une apologie pour l'effusion du sang humain ; mais quand vous avez établi un gouvernement sage et mâle, fondé sur le sens moral, et fortifié par la raison éclairée du peuple, ne souffrez pas qu'il soit souillé par cette vengeance timide qui n'appartient qu'aux tyrans et aux usurpateurs. Je souhaiterois que votre constitution déclarât, non simplement ce qu'elle a déjà déclaré, que le code pénal sera réformé, mais que dans un certain période, après le retour de la paix, la *punition de mort sera abolie*. Il faudroit de même qu'elle enjoignît au Corps législatif d'adoucir les punitions en général, au point qu'elles ne soient guère plus que de tendres corrections paternelles. Quiconque veut se donner la peine de fouiller dans le cœur humain, et d'examiner l'ordre de la nature dans la société, doit être convaincu que c'est là la méthode la plus vraisemblable pour empêcher qu'il ne se commette des crimes.

10°. Mais pour que vous fussiez conséquens dans la réforme de ces abus qui ont posé la base de toute offense faite à la société, tant dans les crimes que dans les punitions, il faudroit que vous prissiez en considération ultérieure la nécessité de *l'instruction publique*. Il est de votre devoir, comme Assemblée constituante, d'établir un systême de gouvernement fait pour perfectionner les mœurs des hommes. En élevant un peuple de l'esclavage à la liberté, vous l'avez appelé à un nouveau théâtre; et il est nécessaire que vous lui appreniez comment il doit jouer son rôle. En instruisant l'homme de ses droits, vous lui imposez un nouveau systême de devoirs. Tout Français, né pour la liberté, doit, d'entre tous ses droits, de préférence prétendre à celui d'être instruit de la manière de les conserver. La société n'a pas le droit de le lui refuser; et ce seroit s'opposer aux principes de la révolution, et exposer tout le systême à être renversé, que de ne pas l'ordonner au Corps législatif, comme faisant partie de ses soins constans.

D'après ce que la Constitution a déjà déclaré à ce sujet, et d'après la disposition des deux dernières Assemblées, je ne doute pas qu'on n'y attache une grande attention ; mais j'aime à le recommander ici à une considération particulière, comme un sujet qui tient à la loi criminelle. Il est certain qu'on ne sauroit raisonnablement s'attendre à l'obéissance des hommes à une loi qu'ils ne connoissent pas. Il est, non seulement injuste, mais absurde, de les forcer à cette obéissance. Ce n'est donc que la moitié de l'ouvrage d'un législateur, que de faire de bonnes lois ; une partie indispensable de son devoir est de tâcher que toute personne de l'état soit dans le cas de les bien entendre. La maxime barbare de la jurisprudence ; *que l'ignorance de la loi n'excuse point le criminel*, est une apologie insolente de la tyrannie, et ne devroit jamais entacher la police d'un gouvernement raisonnable. Je pense donc que ce seroit un grand honneur à votre constitution, et un puissant motif d'émulation pour votre législature et vos magistrats dans le grand devoir de l'instruction, de déclarer : *que la connoissance fait la base de l'obéissance, et que les lois n'auront d'autorité que là où elles sont entendues.*

11°. Puisque me voilà occupé de la moralité, le grand objet de toute institution politique, je ne saurois m'empêcher de faire quelques remarques sur les loteries publiques. C'est une honte révoltante pour les gouvernemens modernes de les voir réduits à cette pitoyable friponnerie pour tirer l'argent des poches du peuple ; mais rien ne paroît plus extraordinaire que de voir que cette politique continue en France depuis la révolution, et qu'on y compte encore la loterie de l'état parmi les sources du revenu. La loterie doit son origine à la fraude ; et sa subsistance dépend de la manière de faire naître et tromper les espérances des individus; d'agiter perpétuellement les esprits par le désir déraisonnable du gain ; d'obscurcir le jugement par des idées superstitieuses du hasard, de la destinée et du sort; de soustraire l'attention de l'industrie régulière, et d'encourager l'esprit universel pour le jeu, qui porte toutes les espèces de vices dans toutes les classes du peuple. De quelque manière que nous envisagions les affaires des hommes, nous trouverons toujours que la mauvaise organisation de la société est la cause de plus de désordres qu'il n'en pourroit possiblement résulter de la disposition naturelle du cœur. Et que dirons-nous d'un gouvernement qui s'avance ouvertement, avec l'insolence d'un ennemi, et qui crée un nouveau vice pour y mettre une taxe? Quel droit un tel gouvernement a-t-il de punir nos folies? Et qui peut sans dégoût jeter les yeux sur la figure impie qu'il fait, en tenant d'une main la verge, et de l'autre la tentation? Vous ne sauriez hésiter à déclarer dans votre constitution que toute loterie d'état sera à jamais abolie.

12°. Comme votre nation a été la première dans le monde à renoncer solennellement à l'horrible amour des conquêtes, vous devriez aller un pas plus loin, et déclarer que vous ne voulez plus de *Colonies.* Ce n'est qu'une conséquence nécessaire de votre première rénonciation; car les Colonies sont une suite des conquêtes; et prétendre à un droit sur les unes, ce seroit prétendre à un droit perpétuel sur les autres. En supposant que vos Colonies déclarassent leur indépendance, et qu'elles formassent un gouvernement à elles (ce que par vos propres principes et par les premières lois de la nature elles ont le droit de faire); dans ce cas, les mêmes prétentions que vous avez à présent de les contenir sous votre pouvoir, vous justifieroient certainement de les reconquérir et de les subjuguer. Mais ce seroit argumenter en pure perte, que de vouloir prouver que vous n'avez aucun *droit* de souveraineté sur elles; et si j'étois capable de faire un aussi mauvais compliment à votre justice, que de supposer que vous eussiez le désir de violer un droit pour ce qu'on appelle *politique*, il me seroit aisé de démontrer que, dans tous les cas, il est aussi injuste qu'oppressif de garder des possessions étrangères. La politique à cet égard ne peut avoir d'autre objet que les avantages du commerce; et l'on peut poser comme principe universel, que tels avantages que la mère-patrie pourroit tirer du commerce de ses Colonies, lui en reviendroient nécessaire ment, si elles étoient indépendantes. L'expérience des hommes ne nous a même pas permis de supposer un cas où cela fût autrement. Tout ce qui est libre et mutuellement avantageux dans le commerce, seroit naturel, et se feroit par chaque parti pour ses propres intérêts : tout ce qui n'est pas naturel et forcé doit nécessairement être mis à couvert par des moyens qui probablement diminueront la quantité du tout ; mais, à tout événement, la dépense pour le maintenir excédera toujours de beaucoup les profits. Ceci est prouvé non-seulement par l'expérience de toutes les nations qui ont maintenu des Colonies au dehors ; mais la nature du sujet même l'exige. C'est une théorie qui ne demande pas seulement d'expérience pour le prouver, et c'est à l'orgueil des rois et à la rapacité mal calculée des gouvernemens, au faux brillant d'une souveraineté étendue, et au desir de conférer des places qui prêtent au pillage, aux parasytes des cours, que nous devons attribuer cette série de calamités qui ont tourmenté les nations maritimes de l'Europe, en soutenant des Colonies pour monopoliser le commerce. Et où faut-il que nous nous adressions pour trouver de la raison et de l'instruction, si ce n'est à la France? Les Anglais et d'autres gouvernemens pour soutenir une espèce de conséquence dans leur caractère, et pour combler la mesure de leurs iniquités, restent fidèles à ce point seul : que plus ils sont convaincus de la vérité, plus ils persévèrent avec obstination dans leur erreur.

Je ne puis m'empêcher de croire qu'il est inutile et même impertinent d'entrer dans d'autres raisonnemens pour prouver que la justice, la politique et les véritables principes du commerce vous imposent la loi de donner l'exemple au monde, et de déclarer la liberté et l'indépendance absolue de vos Colonies, et de les inviter à se former un gouvernement à elles. L'exemple seroit bientôt suivi par d'autres nations, sinon par raison et par choix, du moins par le raisonnement impérieux de la nécessité.

13°. Je ne saurois finir ma lettre sans quelques réflexions sur la politique de conserver ce qu'on appelle *une armée sur pied en tems de paix*, comme il paroît que c'étoit l'intention de votre première Assemblée. Une telle force auroit sur l'esprit d'un gouvernement républicain plusieurs effets dangereux, sans qu'on pût en attendre un seul bon. D'après vos propres principes, vous ne voulez plus faire de guerre aux étrangers que dans le cas d'une invasion ; et il est probable que l'invasion présente sera la dernière qu'on entreprendra jamais sur la France. Mais n'importe; une armée sur pied est la plus mauvaise ressource qu'on puisse imaginer dans une libre république. Dans ce cas, la force de l'armée est la foiblesse de la nation. Si l'armée est en effet assez forte pour qu'on puisse s'en reposer sur elle pour la défense, non-seulement elle charge le peuple d'une grande dépense inutile, mais elle doit nécessairement être un instrument dangereux entre les mains d'hommes dangereux ; elle peut fournir des moyens à des guerres civiles et à la destruction de la liberté. Si, au contraire, elle ne suffit pas pour la défense extérieure, elle ne servira qu'à tromper l'attente du peuple. Etant accoutumé à croire qu'il a une armée, il cessera de se reposer sur sa propre force, et il se verra trompé dans l'espoir de sa sureté.

Mais la plus grande objection contre une force armée sur pied, c'est l'effet qu'elle auroit sur les sentimens politiques du peuple. Il faudroit que tout citoyen sentît qu'il forme une partie de la grande communauté nécessaire à tel dessein, à l'exécution duquel l'intérêt public peut l'appeler. Il devroit se sentir les dispositions du citoyen et l'énergie du soldat, sans être destiné exclusivement à l'exercice ni de l'une ni de l'autre; ses facultés physiques et morales devroient être conservées dans une vigueur égale, parce que la profusion des premières seroit bientôt suivie du dépérissement des dernières. Si c'est mal fait de donner , pendant plusieurs années, sa confiance au Pouvoir législatif, ou, pour la vie, à un petit nombre d'hommes, il est certainement pis encore de faire la même chose à l'égard de la force militaire. Là où réside la sagesse, là devroit aussi résider la force, c'est-à-dire, dans le grand corps du peuple; et ni l'une ni l'autre ne devroit jamais se déléguer que pendant une très-courte période, et sous des restrictions sévères. C'est-là la manière de conserver l'usage modéré de l'une et de l'autre; et de cette façon, le peuple, en se reposant sur lui seul, sera sûr d'une défense perpétuelle contre la force ouverte et les intrigues secrètes de tous les ennemis possibles au dedans et au dehors.

14°. Après avoir tracé les contours de votre révolution d'après vos idées présentes, et après l'avoir proclamée de la manière la plus solennelle, comme la fondation des lois et des droits, ce seroit en vain que vous penseriez vouloir empêcher le peuple de faire des changemens et des amendemens chaque fois que l'expérience l'induira à changer ses opinions. Votre grand but en cela doit être de convenir d'une méthode, d'après laquelle les amendemens peuvent se faire; sans avoir recours à ces efforts extraordinaires, qui occasionneroient d'inutiles insurrections. Plus cette méthode paroîtra aisée et expéditive, moins il sera probable qu'elle donne lieu à des désordres, et mieux elle répondra au but, pourvu qu'elle rapporte toujours le sujet au véritable vœu du peuple. Je proposerois donc (toujours dans la supposition que votre Corps législatif ne soit choisi chaque fois que pour un an seulement) que chaque Assemblée nationale annuelle aura le pouvoir de proposer, et l'Assemblée succédante, la faculté d'adopter et ratifier tels amendemens qu'elle croira convenables dans le code constitutionnel; mais il faudroit que cela se fît toujours avec cette restriction, qu'on convînt sur les articles à proposer par une Assemblée quelconque, et qu'ils fussent rendus publics au peuple dans tous les départemens pendant les premiers six mois de la session de l'Assemblée. Cela donneroit le temps au peuple de discuter le sujet en plein, et de former leurs idées avant le temps de l'élection de leurs députés à l'assemblée prochaine. De cette manière, les membres de la nouvelle Assemblée auroient, à leur réunion, la compétence de déclarer les vœux du peuple sur les amendemens proposés, et ils agiroient à ce sujet comme ils croiroient convenable. La même faculté de proposer et d'adopter continueroit d'année en année avec la plus parfaite sureté de la constitution, et avec la probabilité de la perfectionner.

C'est de cette manière, Messieurs, que j'ai donné une esquisse de quelques idées principales qui me pèsent sur l'esprit sur un sujet si important aux intérêts d'une partie considérable du genre humain. Si vous les croyez être de nulle valeur, elles ne pourront occuper qu'une petite portion de votre temps, et par conséquent ne sauroient nuire. Si j'ai dit quelque chose qui puisse mener à une réflexion utile, je me croirai heureux d'avoir rendu quelque service à la cause la plus glorieuse qui ait jamais fixé l'attention des hommes.

JOEL BARLOW.

Londres, ce 26 septembre 1792.

www.ingramcontent.com/pod-product-compliance
Ingram Content Group UK Ltd.
Pitfield, Milton Keynes, MK11 3LW, UK
UKHW021216230726
13926UKWH00003B/1052